Pecyn Ymarfer – Cwrs Mynediad

CBAC WJEC

Cyhoeddwyd gan CBAC
Cyd-bwyllgor Addysg Cymru
Published by the WJEC
Welsh Joint Education Committee

Yr Uned Iaith Genedlaethol,
CBAC, 245 Rhodfa'r Gorllewin, CAERDYDD
CF5 2YX
The National Language Unit,
WJEC, 245 Western Avenue,
CARDIFF CF5 2YX

Argraffiad cyntaf: 2005
First impression: 2005

ISBN 1 86085 613 6

Cyhoeddwyd trwy gymorth ariannol ELWa.

Published with the
financial assistance of ELWa.

Cydnabyddiaeth
Acknowledgements

Awdur:
Author: Elin Meek

Golygydd:
Editor: Glenys Mair Roberts

Dylunydd:
Designer: Olwen Fowler

Rheolwr y Project:
Project Manager: Emyr Davies

Lluniwyd y darluniau gan Huw Vaughan Jones.
Illustrations are by Huw Vaughan Jones.

Tynnwyd y ffotograffau gan
Mark Johnson, Pinegate Photography.
Photographs were taken by
Mark Johnson, Pinegate Photography.

Mae'r cyhoeddwyr yn ddiolchgar
i Fwrdd Croeso Cymru am ganiatâd i
ddefnyddio'r ffotograff ar y clawr blaen.
The publishers are grateful to the Wales
Tourist Board for permission to use the
photograph on the front cover.

Nodyn
Note

Mae hwn yn gwrs newydd sbon, felly croesewir
sylwadau gan ddefnyddwyr, yn diwtoriaid ac yn
ddysgwyr. Anfonwch eich sylwadau drwy e-bost at:
lowri.morgan@cbac.co.uk, neu drwy'r post at: Lowri
Morgan, Yr Uned Iaith Genedlaethol, CBAC, 245
Rhodfa'r Gorllewin, CAERDYDD, CF5 2YX.

This is a brand new course, so we would welcome any
comments from users, whether tutors or learners. Send your
comments by e-mail to: lowri.morgan@cbac.co.uk, or by
post to: Lowri Morgan, The National Language Unit,
WJEC, 245 Western Avenue, CARDIFF, CF5 2YX.

Cyflwyniad
Introduction

Cwrs Mynediad is the first part of a three-level course that will help you to speak and understand Welsh. There are different versions for learners living in north and south Wales. It has been designed for groups of learners who meet in classes once a week, or on more intensive courses.

Cwrs Mynediad is made up of 30 units to be used in class with your tutor, including a revision unit every five units. This *Pecyn Ymarfer* (Practice Pack) relates to the units in the course book (not the appendices). The pack is designed to help you revise what you've learnt in class, through various tasks and exercises. Although these involve writing, the main focus in the course is on speaking and understanding Welsh. You should try to complete the work-sheet for each unit as you progress and give it to your tutor to be marked. There is no work-sheet for Unit 1 (Pronunciation).

Don't worry if you haven't done the work-sheets, for whatever reason; no marks or grades are given for these. It's more important that you use what you've learnt to talk to friends, family or the family pet!

Pob lwc!

Pecyn Ymarfer Cwrs Mynediad: Uned 2

Ymarfer 1

Ysgrifennwch sut basech chi'n cyfarch pobl ar yr adegau yma o'r dydd:

Write how you would greet people at these times of the day:

1. 3 p.m. _____

2. 10 a.m. _____

3. 7 p.m. _____

4. 7 a.m. _____

5. 5 p.m. _____

6. 8 p.m. _____

Ymarfer 2

Llenwch y bylchau:

Fill in the blanks:

1. _____ chi?

2. Da _____, diolch.

3. Dydd Sul, dydd Llun, dydd Mawrth, dydd _____, dydd Iau.

4. Gareth _____ i.

5. Sut _____ chi?

6. Braf eich _____ chi.

Ymarfer 3

Cyfieithwch:
Translate:

1. Good morning

_____

2. How are you?

_____

3. Who are you?

_____

4. I'm Mr Jones

_____

5. Nice to meet you

_____

6. Fine, thank you.

_____

7. Bye!

_____

Ymarfer 4

Ysgrifennwch yr ateb i'r symiau yn Gymraeg:
Write the answer to the sums using Welsh words (not numerals!):

1. 4 + 5   _____

2. 8 – 2   _____

3. 3 + 4   _____

4. 8 – 6   _____

5. 5 + 3   _____

6. 4 + 6   _____

7. 9 + 2 – 11   _____

Ymarfer 5

Ysgrifennwch ddyddiau'r wythnos yn eu trefn gywir, gan ddechrau efo dydd Sul:
Write the days of the week in correct order, starting with Sunday:

Dydd Sadwrn   *dydd Sul*_____

Dydd Mawrth   _____

Dydd Sul   _____

Dydd Iau   _____

Dydd Mercher   _____

Dydd Gwener   _____

Dydd Llun   _____

Pecyn Ymarfer Cwrs Mynediad: Uned 3

Ymarfer 1

Ysgrifennwch y CWESTIYNAU ar gyfer yr atebion yma:
Write the QUESTIONS for these answers:

1. _____
_____?
Meirion Rees dw i.

2. _____
_____?
Dw i'n byw yn Aberystwyth.

3. _____
_____?
01443 989023

4. _____
_____?
Mecanic dw i.

5. _____
_____?
Dw i'n gweithio yn garej Fred Williams.

6. _____
_____?
Dw i'n dŵad o Landudno yn wreiddiol.

Ymarfer 2

Rhowch y geiriau mewn trefn i wneud brawddegau cywir:
Put the words in order to form correct sentences:

1. yr Wyddgrug?   byw   Dach   yn   chi'n
_____

2. dw   Gwraig   i   tŷ
_____

3. chi?   Michael   Hughes   dach
_____

4. wreiddiol?   O   dach   dŵad   yn   chi'n   le
_____

5. siop   gweithio   i'n   mewn   Dw
_____

6. ymyl   i'n   byw   Dw   yn   Caernarfon
_____

Ymarfer 3

Gorffennwch y brawddegau yma:
Complete these sentences:

1. Be' _____ 'ch rhif ffôn chi?

2. Lle _____ chi'n byw?

3. Dw i'n _____ o Fodelwyddan.

4. Dw i _____ ymddeol.

5. Dw i'n gweithio _____ siop.

6. Dw i'n gweithio _____ Ysbyty Eryri.

Ymarfer 4

Atebwch y cwestiynau yn ôl y gofyn:
Answer the questions according to the prompts - ✔*= 'yes'* ✘ *= 'no':*

e.e. Dach chi'n byw yn Abergwaun? (✘)   Nac ydw, dw i'n byw yn Wdig.

1. Dach chi'n byw yn ymyl y Felinheli? (✔) _____

2. Dach chi'n gweithio mewn swyddfa? (✔) _____

3. Dach chi'n gweithio yn Tesco? (✘)   _____

 Ymarfer 5

Ysgrifennwch y geiriau Cymraeg yn y bwlch yn lle'r geiriau Saesneg mewn cromfachau:
Write the Welsh words in the gap instead of the English words in brackets:

1. Dw i _____ (retired)

2. Dach chi'n byw _____?   (in Llanelli)

3. Dw i'n gweithio _____   (in a school)

4. Dw i'n byw _____   (near Dolgellau)

5. Dach chi'n gweithio _____?   (in the bank)

6. Dw i'n gweithio _____   (near the hospital)

 Ymarfer 6

Atebwch y cwestiynau:
Answer the questions:

1. Be' ydy'ch enw chi?   _____

2. Lle dach chi'n byw?   _____

3. O le dach chi'n dŵad yn wreiddiol?   _____

4. Be' dach chi'n wneud?   _____

5. Lle dach chi'n gweithio?   _____

Pecyn Ymarfer Cwrs Mynediad: Uned 4

Ymarfer 1

Llenwch y bylchau yn y sgwrs yma.
Mae Sioned a Gwenda yn edrych ar ffotograff:

Fill the blanks in this conversation.
Sioned and Gwenda are looking at a photograph:

Sioned: Be' _____ ei enw o?

Gwenda: Fo? Colin _____ o. Mae o'n _____ yn y swyddfa.

Sioned: O le _____ o'n dŵad?

Gwenda: O Aberystwyth. Ond _____ o'n byw yn ymyl Pwllheli rŵan.

Sioned: Be' mae o'n _____ yn y swyddfa?

Gwenda: Technegydd (*technician*) _____ o.

       Mae o'n gweithio _____ cyfrifiaduron.

Sioned: Pwy _____ hi?

Gwenda: O, Carys _____ hi.

Sioned: Ysgrifenyddes _____ hi?

Gwenda: _____ (✗), athrawes ydy hi.

Sioned: O le mae hi'n dŵad yn _____?

Gwenda: O Fangor.

Sioned: Ydy hi'n byw yn _____ dre?

Gwenda: _____ (✔)

Ymarfer 2

Cyfieithwch y brawddegau yma:
Translate these sentences:

1. He lives in Llanelli. _____

2. Where does she live? _____

3. What does he do? _____

4. She's a nurse. _____

5. What's her name? _____

6. She lives near town. _____

7. What's his phone number? _____

8. Does he work? _____

9. He works with children. _____

10. She works as a teacher. _____

Ymarfer 3

Chwiliwch am y geiriau yn y chwilair:
Look for the words in the wordsearch:

Actor	Y S R W R R Y G G R G U Y G P
Actores	P T E P G S J Y T A O S D L E
Adeiladwr	D O C N T U C G R E G T C N A
Doctor	D R O U O F P T G R A N C G B
Gyrrwr	H O F U W M I I I C H I B O C
Mecanic	W T I H G S S F O G R U R O D
Nyrs	K C Y Y T D E I R O T B W M P
Plismon	P A U J T N G W L L Y M D E D
Plismones	Q L S P Y W N D J P H S A C A
Trydanwr	K C I D I A C T O R E S L A U
Ysgrifennydd	R Y D S D L I A Y N T O I N B
Ysgrifenyddes	L E S Y M N Y R S G R B E I R
	S B R W H O U I L H W F D C T
	J T U F U C N O N T B M A P O
	D D Y N N E F I R G S Y P F L

Pecyn Ymarfer – Cwrs Mynediad: Uned 4

Pecyn Ymarfer Cwrs Mynediad: Uned 5

Ymarfer 1 - ANAGRAMAU

Dewch o hyd i ddyddiau'r wythnos yn yr anagramau yma:

Find the days of the week in these anagrams:

ADdYIDU   _Dydd Iau_

DdRADThYWM   _____

EWYDdERGDN   _____

DLlDdNUY   _____

WDdNYDRADS   _____

EChDdEMRYDR   _____

UDLDdSY   _____

Ymarfer 2

Atebwch y cwestiynau yma yn ôl y gofyn:

Answer these questions with 'Yes' or 'No' as indicated:

Mr Morris dach chi? (✘)   _____

Dach chi'n gweithio? (✔)   _____

Ydy hi'n byw yn Aberaeron? (✘)   _____

Gyrrwr lori ydy o? (✔)   _____

Ydy o'n gweithio mewn ffatri? (✔) _____

Karen Pugh ydy hi? (✔)   _____

Ymarfer 3

Rŵan, atebwch y cwestiynau yma yn ôl eich sefyllfa chi:
Now, answer these questions according to your own situation:

Dach chi'n gweithio?   _____

Huw dach chi?   _____

Dach chi'n byw yn y wlad?   _____

Mecanic dach chi?   _____

Partner Colin dach chi?   _____

Ymarfer 4

Rhowch y ddeialog yma yn y drefn gywir. Mae'r frawddeg gyntaf yn barod i chi:
Put this dialogue in the correct order. The first sentence is in place:

A.   Ydw. Mae Carwyn yn gweithio efo fi rŵan.
A.   Lle dach chi'n byw rŵan?
A.   S'mae heddiw?
A.   Carwyn Daniels, brawd Dewi.
B.   Yn Llanybydder. Yn ymyl y dafarn. Dach chi'n gweithio i'r Cyngor (*Council*) o hyd?
B.   Da iawn, diolch.
B.   O ia, dw i'n gwybod!
B.   Carwyn? Pwy ydy o?

A.   S'mae heddiw?

B.   _____

A.   _____

B.   _____

A.   _____

B.   _____

A.   _____

B.   _____

Ymarfer 5

Cyfieithwch y brawddegau yma:
Translate these sentences:

1. He lives in a flat.   _____

2. Where does she live?   _____

3. Do you work with Eileen Daniels?   _____

4. He's unemployed at the moment.   _____

5. Who's he?   _____

6. I live on a farm in the countryside.   _____

Ymarfer 6

Atebwch y cwestiynau yma yn llawn:
Answer these sentences fully:

1. Lle dach chi'n byw: mewn tŷ, mewn fflat neu (*or*) mewn carafán?

_____

2. Dach chi'n gweithio?

_____

3. O le dach chi'n dŵad yn wreiddiol?

_____

4. Lle dach chi'n byw – yn y wlad neu yn y dref?

_____

5. Lle mae gwraig Michael Douglas yn gweithio?

_____

Pecyn Ymarfer Cwrs Mynediad: Uned 6

Ymarfer 1

Llenwch y bylchau:

Complete the sentences:

1. Lle _____ ti'n mynd dros y penwythnos?

2. Dw _____ mynd i weld ffrindiau.

3. _____ o'n mynd i'r banc.

4. _____ chi'n mynd allan?

5. _____ o ddim yn mynd i edrych ar y teledu.

6. _____ hi'n mynd i ymlacio?

7. _____ i'n mynd i Gaerffili.

8. Lle dach chi'n mynd _____ y gwyliau?

Ymarfer 2

Ysgrifennwch frawddeg yn ôl y llun:

Write a sentence according to the picture:

e.e. Dw i'n mynd i siopa.
neu Mae o'n mynd i siopa.
neu Mae hi'n mynd i siopa.

1. _____

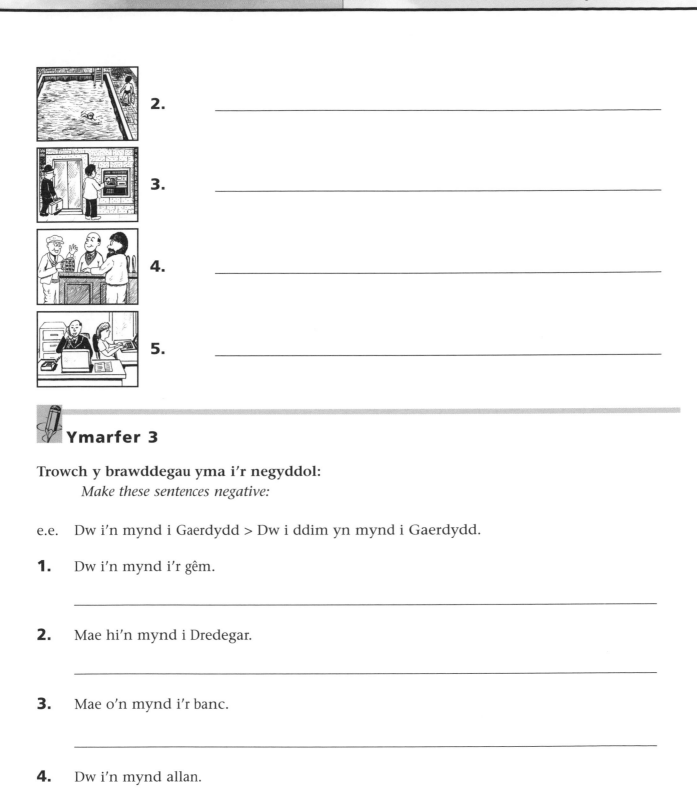

2. _____

3. _____

4. _____

5. _____

Ymarfer 3

Trowch y brawddegau yma i'r negyddol:

Make these sentences negative:

e.e.   Dw i'n mynd i Gaerdydd > Dw i ddim yn mynd i Gaerdydd.

1.   Dw i'n mynd i'r gêm.

_____

2.   Mae hi'n mynd i Dredegar.

_____

3.   Mae o'n mynd i'r banc.

_____

4.   Dw i'n mynd allan.

_____

5.   Mae hi'n mynd i'r sinema.

_____

Ymarfer 4

Cyfieithwch:
Translate:

1. I'm going to Llanelli. _____

2. Where's he going tomorrow? _____
_____

3. And you? (chi) _____

4. Are you (ti) going shopping next week? _____
_____

5. I'm not going to the pub. _____

6. Where are you (chi) going over the weekend? _____
_____

7. She's not going for a walk. _____

8. Is he going to Cardiff? _____

9. I'm going to relax over the holidays. _____
_____

10. I'm busy tomorrow. _____

Ymarfer 5

Be' ydy'r cwestiwn?
Give the question for each of these answers:

1. _____?
Dw i'n mynd i'r dre yfory.

2. _____?
Ydw, dw i'n mynd i ymlacio dros y gwyliau.

3. _____?
Nac ydy, dydy hi ddim yn mynd i'r sinema nos yfory.

4. _____?
Nac ydw, dw i ddim yn mynd i'r banc yfory.

5. _____?
Mae hi'n mynd i'r gêm dydd Sadwrn.

Pecyn Ymarfer - Cwrs Mynediad: Uned 6

Pecyn Ymarfer Cwrs Mynediad: Uned 7

Ymarfer 1

Llenwch y bylchau:
Fill the blanks:

1. Sut _____ tywydd heddiw?

2. _____ hi'n ddiflas ddoe.

3. Gobeithio _____ hi'n braf yfory.

4. _____ hi ddim yn bwrw eira heddiw.

5. _____ hi'n bwrw glaw ddoe yn Aberystwyth?

6. _____ hi'n braf heddiw efo chi?

Ymarfer 2

Rhowch y cwestiynau i'r atebion yma:
Give the questions to these answers:

1. _____?

                                   Ydy, mae hi'n oer heddiw.

2. _____?

                                  Roedd hi'n niwlog ddoe.

3. _____?

                                  Mi fydd hi'n braf yfory.

4. _____?

                         Nac ydy, dydy hi ddim yn bwrw glaw.

5. _____?

                             Mae hi'n boeth ar y Costa del Sol.

Ymarfer 3

Cyfieithwch:
Translate:

1. (I) hope it's fine tomorrow. _____

2. It's cold today. _____

3. It was fine yesterday. _____

4. It will be foggy tomorrow. _____

5. It's better today, isn't it? _____

6. It was worse yesterday. _____

7. It's hailing. _____

8. Is it raining? _____

9. Was it wet yesterday? _____

10. It's warm, isn't it? _____

Ymarfer 4

Ysgrifennwch gwestiynau ac atebion yn dilyn y patrwm yma:
Write questions and answers following this pattern:

ABERYSTWYTH **DDOE**

C. Sut oedd y tywydd yn Aberystwyth ddoe?

A. Roedd hi'n braf.

BANGOR **HEDDIW**

C. Sut _____ heddiw?

A. _____

CAERDYDD DDOE

C. Sut _____ ddoe?

A. _____

Y RHYL YFORY

C. Sut _____ yfory?

A. _____

LLANGEFNI DDOE

C. Sut _____ ddoe?

A. _____

ABERTAWE HEDDIW

C. Sut _____ heddiw?

A. _____

LLANRHAEADR YFORY

C. Sut _____ yfory?

A. _____

Pecyn Ymarfer Cwrs Mynediad: Uned 8

Ymarfer 1

Ysgrifennwch frawddeg yn ôl y llun:
Write a sentence according to the picture:

Dw i'n hoffi chwarae tennis
neu
Dw i ddim yn hoffi chwarae tennis

1.

_____

_____

2.

_____

_____

3.

_____

_____

4.

_____

_____

5.

_____

_____

6.

_____

_____

Ymarfer 2

Ysgrifennwch frawddegau fel hyn:
Write sentences like this:

garddio / rhedeg (fo)

   Mae o'n hoffi garddio ond

   dydy o ddim yn hoffi rhedeg.

1. nofio / coginio (hi)

_____

_____

2. bwyta allan / rhedeg (ni)

_____

_____

3. pysgota / canu'r piano (hi)

_____

_____

4. dawnsio / darllen (chi)

_____

_____

5. dysgu Cymraeg / chwarae golff (ni)

_____

_____

Pecyn Ymarfer - Cwrs Mynediad: Uned 8

Ymarfer 3

Cyfieithwch:
 Translate:

1. *Do you (chi) like cooking?*

_____

2. *We like eating out*

_____

3. *He doesn't like playing rugby*

_____

4. *Does she like swimming?*

_____

5. *We don't like gardening*

_____

6. *Do you (ti) like playing squash?*

_____

7. *What do you (chi) like doing in your spare time?*

_____

8. *I don't like watching football*

_____

Ymarfer 4

Llenwch y bylchau yn y ddeialog:
 Fill in the blank spaces in the dialogue:

A. Be' dach chi'n hoffi wneud yn eich _____ _____?

B. Dw i'n hoffi _____ pêl-droed. Be' _____ chi?

A. Wel, dw i _____ yn hoffi pêl-droed, ond dw i'n _____ rygbi.

B. _____ Gareth yn hoffi rygbi hefyd. Ond _____ Huw ddim.

A. _____ Gareth yn hoffi pêl-droed?

B. _____, mae o'n hoffi pêl-droed. Mae o'n cefnogi Caerdydd.

Pecyn Ymarfer
Cwrs Mynediad:
Uned 9

 Ymarfer 1

Ysgrifennwch frawddeg yn ôl y geiriau:

Write a sentence according to the prompt:

dau hogyn (fo)   Mae gynno fo ddau hogyn.

1. pres/arian (fi)   _____

2. car (hi)   _____

3. carafán (nhw)   _____

4. teledu (ni)   _____

5. cath (ti)   _____

6. hogan (ni)   _____

Ymarfer 2

Gorffennwch:

Complete:

1. _____ gynnon ni ddim car.

2. _____ gynnoch chi amser i siarad?

3. Oes _____ chi frawd?

4. _____, mae gen i _____ (2) frawd.

5. Mae gynnon ni _____ (2) hogan.

6. _____ gynni hi gi.

 Ymarfer 3

Cyfieithwch:

Translate:

1. *Do you have children?* _____

2. *I haven't got (any) time.* _____

3. *He hasn't got (any) money.* _____

4. *Does she have a dog?* _____

5. *They've got a Fiesta.* _____

6. *We don't have a caravan.* _____

7. *They don't have children.* _____

8. *Have you got a problem?* _____

Ymarfer 4

Atebwch chi:

Answer according to your own situation:

1. Oes gynnoch chi anifeiliaid? _____

2. Oes gynnoch chi blant? _____

3. Oes gynnoch chi garafán? _____

4. Oes gynnoch chi ddau deledu? _____

5. Oes gynnoch chi Ferrari? _____

Pecyn Ymarfer Cwrs Mynediad: Uned 10

Ymarfer 1

Gorffennwch:
Complete:

1. Roedd hi'n _____ oer ddoe.

2. Lle _____ ti'n mynd i chwarae bowls?

3. _____ gen ti ddiddordebau?

4. _____ o'n hoffi chwarae sboncen?

5. _____ ni ddim yn hoffi mynd i'r dre.

6. Mae gynno fo Ferrari: mae gynno fo _____ o bres!

7. Efo _____ mae hi'n hoffi mynd i'r sinema?

8. _____ gynnyn nhw ddim problemau.

9. Mae gynnon ni _____ (2) hogan.

10. Faint o blant _____ gynnyn nhw?

Ymarfer 2

Atebwch:
Answer:

1. Wyt ti'n hoffi nofio? (✔) _____

2. Oedd hi'n braf ddoe (✔) _____

3. Patrick Williams dach chi? (✘) _____

4. Oes gynnoch chi ddigon o amser? (✔) _____

5. Wyt ti a Huw yn mynd ar wyliau? (✘) _____

6. Meddyg ydy hi? (✔) _____

Ymarfer 3

Cyfieithwch:
 Translate:

1. *It's too cold today* _____

2. *With whom do you go swimming?* _____

3. *He has two daughters* _____

4. *Have you got too much work?* _____

5. *It was too windy* _____

6. *We don't have enough space/room* _____

7. *Where are you going over the weekend?* _____

8. *I haven't got any children* _____

 Ymarfer 4

Atebwch y cwestiynau gan gyfeirio at y lluniau:
 Answer the questions with reference to the pictures:

 1. Faint o blant sy gan Mary a Wil?

_____

 **2.** Faint o blant sy gan Dewi?

_____

 **3.** Faint o blant sy gan Tony Williams?

_____

4. Oes gan Eric Davies dair hogan?

_____

5. Faint o blant sy gynnoch chi?

_____

6. Faint o blant sy gan Dr a Mrs Mathews?

_____

Ymarfer 5

Atebwch y cwestiynau:

Answer according to your own situation:

1. Oes gen ti ddiddordebau? Be' wyt ti'n hoffi wneud yn dy amser sbâr?

_____

_____

2. Lle wyt ti'n mynd yfory?

_____

3. Faint o blant sy gen ti?

_____

4. Sut oedd y tywydd ddoe?

_____

5. Wyt ti'n hoffi dysgu Cymraeg?

_____

Pecyn Ymarfer Cwrs Mynediad: Uned 11

Ymarfer 1

Gorffennwch:

1. Be' ydy enw _____ dad di?

2. Lle mae _____ chwaer chi'n byw?

3. Colin ydy enw _____ mrawd i.

4. Rover ydy mêc dy _____ di?

5. Pwy ydy dy _____ di? (*doctor*)

6. Dach chi'n nabod fy _____ i? (*cefnder*)

Ymarfer 2

Dilynwch y patrwm:
> *Follow the pattern:*

cyfnither   fy **ngh**yfnither i

1. plant   fy _____

2. cefnder _____

3. brawd _____

4. ci _____

5. doctor _____

6. taid _____

7. gŵr _____

8. gwraig _____

Ymarfer 3

Defnyddiwch 'dy' yn lle 'eich' yn y cwestiynau yma:
> *Use '**dy**' instead of '**eich**' in these questions:*

e.e.   Be' ydy enw eich brawd chi? > Be' ydy enw **dy** frawd di?

1.   Be' ydy mêc eich car chi? _____

2.   Lle mae eich hogyn chi'n byw? _____

3.   Be' ydy rhif eich tŷ chi? _____

4.   Be' ydy enw eich gŵr chi? _____

5.   Pwy ydy eich cyfnither chi? _____

Ymarfer 4

Cyfieithwch:

Translate:

1. My brother's name is Clive. _____

2. What make is your car? *(dy)* _____

3. Who's she? - My partner. _____

4. I know Graham Morgan. _____

5. My doctor's name is Dr Jones. _____

6. What was your grandmother's name? *(eich)*

_____

Ymarfer 5

Dyma'r atebion - be' ydy'r cwestiynau? Defnyddiwch 'dy' ac 'eich' bob yn ail.

These are the answers - what are the questions? Use 'dy' and 'eich' alternately.

1. _____? John ydy enw fy mab i.

2. _____? Mae fy mrawd i'n byw yn y Drenewydd.

3. _____? Toyota ydy mêc fy nghar i.

4. _____? Brian oedd enw fy nhaid i.

5. _____? Mr Jones ydy enw fy nghymydog i.

Ymarfer 6

Ysgrifennwch baragraff byr amdanoch chi eich hun.

Write a short paragraph about yourself.

e.e.

Karen dw i. Dw i'n byw yng Nghonwy efo fy mhartner i. Margaret ydy enw fy mam i a Derek ydy enw fy nhad i. Mae fy chwaer i'n byw yng Nghaerdydd ac mae fy mrawd i'n byw yn Canada. Mae gen i gi. Rex ydy enw fy nghi i.

Pecyn Ymarfer Cwrs Mynediad: Uned 12

Ymarfer 1

Gorffennwch:

1. Be' ydy enw ei chefnder _____ ?

2. Pwy ydy ei _____ o? (*wife*)

3. Mae hi'n _____ oed. (4)

4. Wyt ti'n nabod ei _____ hi? (*father*)

5. Dw i ddim yn nabod ei _____ o. (*brother*)

6. Faint ydy ei _____ hi? (*age*)

Ymarfer 2

Defnyddiwch 'ei _____ o' yn lle 'ei_____ hi' yn y cwestiynau yma:
   Use 'ei _____ o' instead of 'ei _____ hi' in these questions:

e.e.   Be' ydy enw ei brawd hi? > Be' ydy enw **ei f**rawd **o**?

1. Be' ydy mêc ei char hi?

   _____

2. Lle mae ei mab hi'n byw?

   _____

3. Be' ydy rhif ei thŷ hi?

   _____

4. Be' ydy enw ei chariad hi?

   _____

5. Faint ydy oed ei hogyn hi?

   _____

Ymarfer 3

Cyfieithwch:

Translate:

1. Her keys are on the television.

_____

2. His camera is under the chair.

_____

3. Her paper is on the armchair.

_____

4. His keys are in his pocket.

_____

5. His daughter is four.

_____

6. Her son is a year old.

_____

Ymarfer 4

Anagramau

1. **sdwr**   **2.** **drogia**

_____   _____

3. **wrps**   **4.** **eluted**

_____   _____

5. **riadac chaifrieu**

_____

Pecyn Ymarfer
Cwrs Mynediad:
Uned 13

Ymarfer 1

Gorffennwch:

1. Mae hi'n bump _____.

2. Faint o'r gloch _____ hi?

3. Dw i'n darllen y papur am _____ o'r gloch. (2)

4. _____ nhw'n cael swper am bum _____ i wyth.

5. Dan ni'n mynd i'r gwaith am bum munud ar _____ i naw.

6. _____ dach chi'n mynd i'r gwely fel arfer?

Ymarfer 2

Ysgrifennwch yr amser o dan y clociau:
Write the times underneath the clocks, e.e. dau o'r gloch:

_____   _____   _____

_____   _____   _____

_____   _____   _____

 Ymarfer 3

Cyfieithwch:
> *Translate:*

1. You're late. _____

2. Not to worry. _____

3. I'm sorry. _____

4. I'm usually early. _____

5. Excuse me. _____

 Ymarfer 4

Atebwch y cwestiynau:
> *Answer the questions:*

1. Am faint o'r gloch dach chi'n codi fel arfer?

_____

2. Pryd dach chi'n mynd i'r gwaith?

_____

3. Am faint o'r gloch dach chi'n edrych ar y newyddion ar y teledu?

_____

4. Pryd dach chi'n cael swper?

_____

5. Pryd dach chi'n mynd i'r gwely?

_____

Pecyn Ymarfer Cwrs Mynediad: Uned 14

Ymarfer 1

Gorffennwch:

1. _____ i ddim i'r dre ddoe.

2. Be' _____ ti i frecwast ddoe?

3. Sut _____ ti yma?

4. Mi ges i _____ i ginio ddoe.

5. _____ chi hwyl?

6. Mi ges i _____ i frecwast. (*toast*)

Ymarfer 2

Dyma'r cwestiwn - be' ydy'r ateb?
   Give the question to each of these answers:

1. _____?
   Mi es i i'r dre ddoe.

2. _____?
   Ges i ddim byd yn y dafarn.

3. _____?
   Mi ddes i yma yn y car.

4. _____?
   Mi es i i Lerpwl dydd Sadwrn.

5. _____?
   Mi ges i frechdan i ginio.

Ymarfer 3

Cyfieithwch:
> *Translate:*

1. I had beer.

_____

2. I went to Caernarfon yesterday.

_____

_____

3. I didn't go anywhere interesting.

_____

_____

4. What did you have to eat?

_____

5. I'm your wife!

_____

6. Then I had lunch with John.

_____

_____

7. I didn't go shopping.

_____

8. Where did you (*ti*) go last night?

_____

_____

9. I came by train.

_____

10. I didn't go by bus.

_____

 Ymarfer 4

Atebwch y cwestiynau;
> *Answer the questions;*
> *keep the answers simple!*

1. Lle aethoch chi ddoe?

_____

_____

2. Be' gaethoch chi i swper neithiwr?

_____

_____

3. Be' wnaethoch chi prynhawn ddoe?

_____

_____

4. Be' gaethoch chi i ginio?

_____

_____

5. Sut ddaethoch chi i'r dosbarth?

_____

_____

Pecyn Ymarfer Cwrs Mynediad: Uned 15

Ymarfer 1

Gorffennwch:

1.　Bryn ydy enw fy _____ i. (*male cousin*)

2.　Mae hi'n _____ o'r gloch. (*4*)

3.　Dach chi'n nabod ei _____ hi? (*father*)

4.　Mae ei _____ o'n byw yn y dre. (*brother*)

5.　_____ i ddim brecwast ddoe.

6.　Lle _____ chi ar eich gwyliau?

7.　Lle est ti ar _____ wyliau?

8.　_____ o'r gloch ydy hi rŵan?

9.　_____ mae Eastenders ar y teledu?

10.　_____ i nôl mewn tacsi. (*dod*)

Ymarfer 2

Atebwch Yes/No yn Gymraeg:
Answer Yes/No in Welsh:

1. Gest ti hwyl?

_____

_____

2. Wyt ti'n mynd i'r gwely'n gynnar?

_____

_____

3. Ydy'r postmon yn dŵad am wyth o'r gloch?

_____

_____

4. Ddest ti i'r dosbarth mewn car?

_____

_____

5. Oedd hi'n braf ddoe?

_____

_____

6. Wyt ti'n hoffi dysgu Cymraeg?

_____

_____

Ymarfer 3

Cyfieithwch:
Translate:

1. The postman comes about half past nine.

_____

_____

2. It's ten to twelve.

_____

3. I go to bed around eleven.

_____

4. Why did you go to town?

_____

5. I don't know his mother.

_____

6. What's the make of his car?

_____

7. Who's he?

_____

8. I came by car.

_____

9. I had tea at a quarter past four.

_____

10. Where did you go last night?

_____

Misoedd y flwyddyn

Ionawr	Gorffennaf
Chwefror	Awst
Mawrth	Medi
Ebrill	Hydref
Mai	Tachwedd
Mehefin	Rhagfyr

Ymarfer 4

Atebwch y cwestiynau:
Answer the questions, sticking to what you know in Welsh!

1. Lle aethoch chi ar eich gwyliau y llynedd?

_____

_____

2. Sut aethoch chi ar eich gwyliau?

_____

_____

3. Efo pwy aethoch chi ar eich gwyliau?

_____

_____

4. Be' gaethoch chi i fwyta ar eich gwyliau?

_____

_____

5. Sut oedd y tywydd?

_____

_____

Ymarfer 5

Search for the months of the year:

S	Ch	O	M	Th	E	I	P	T	Th	R	Y	O	Y
B	E	W	R	U	O	A	Y	S	P	Y	M	P	W
W	C	W	E	N	E	B	R	I	Ll	F	E	T	O
S	A	C	A	F	E	R	D	Y	H	G	D	Ph	M
M	D	W	Dd	Y	R	Th	F	O	Ff	A	I	Y	E
T	R	I	W	E	N	O	E	U	W	Rh	Ff	G	H
E	M	O	N	G	W	U	R	P	C	S	N	O	E
Ch	Rh	Ch	A	U	D	Ch	Dd	A	B	N	I	Ng	F
G	O	R	Ff	E	N	N	A	F	W	M	P	G	I
A	B	F	T	U	Ng	C	P	T	A	S	Rh	O	N
S	E	Ph	I	N	E	O	C	I	O	Ph	T	R	T

Pecyn Ymarfer Cwrs Mynediad: Uned 16

 Ymarfer 1

Gorffennwch:

1. _____ o i'r dre echdoe.

2. Be' _____ hi i yfed?

3. _____ o ddim byd i fwyta.

4. Mi _____ o ffonio ei frawd o. (*phoned*)

5. _____ o ddim _____ neb. (*saw*)

6. Mi wnaeth o ysgrifennu _____ (*a letter*)

7. Mi gaeth o dost a _____ i frecwast. (*tea*)

8. Pryd _____ o nôl o'r gwyliau? (*came*)

 Ymarfer 2

Cysylltwch y cwestiwn yng ngholofn A â'r ateb cywir yng ngholofn B:

Link the question in column A to the correct answer in column B:

A	B
1. Be' gaeth o i'w fwyta?	a. Naddo, mi ddaeth o'n gynnar.
2. Gaeth hi bwdin?	b. Mi aeth o i'r dafarn echnos.
3. Ddaeth o'n hwyr i'r dosbarth?	c. Naddo, gaeth o ddim hwyl.
4. Wnaeth hi weld John?	ch. Do, mi wnaeth hi ddarllen llyfr nos Lun.
5. Lle aeth o echnos?	d. Naddo, gaeth hi ddim pwdin.
6. Aeth hi i'r sinema?	dd. Do, mi wnaeth hi weld John.
7. Gaeth o hwyl?	e. Naddo, aeth hi ddim i'r sinema.
8. Wnaeth hi ddarllen llyfr nos Lun?	f. Gaeth o gawl i'w fwyta.

 Ymarfer 3

Trowch y gosodiadau yma yn gwestiynau, gan gofio'r treiglad meddal:

Turn these statements into questions, remembering the soft mutation:

e.e.   Mi wnaeth o weld Mair
     >   Wnaeth o weld Mair?

1. Mi ddaeth o i'r dosbarth yn hwyr eto.

_____

2. Mi wnaeth hi brynu llawer o ddillad.

_____

3. Mi wnaeth hi brynu cyw iâr yn Safeway.

_____

4. Mi wnaeth hi golli'r ffordd.

_____

5. Mi wnaeth hi ysgrifennu llythyr at ei ffrind.

_____

Ymarfer 4

Cyfieithwch:

Translate:

1. He came back the day before yesterday.

_____

_____

2. He didn't have a coffee.

_____

3. He went to the pub on Friday night.

_____

_____

4. She didn't go to town.

_____

5. When did he phone Siân?

_____

6. He had toast and coffee for breakfast.

_____

_____

7. Did he see a film on Saturday night?

_____

_____

8. She read all day.

_____

Ymarfer 5

Yn y darn yma mae Siân yn disgrifio be' wnaeth hi nos Wener.

Darllenwch y darn ac ateb y cwestiynau wedyn:

In the following paragraph Siân describes what she did on Friday night.

Read the paragraph and then answer the questions:

Nos Wener

Nos Wener, mi es i efo Geraint, fy mrawd i, i'r sinema i weld y ffilm *The Ark*. Mi aeth fy mrawd i adre i Abertawe am ddeg o'r gloch. Wedyn mi es i i'r Royal Oak, tafarn yng nghanol y dre. Mi ges i ddau fodca yn y dafarn ac yna mi wnes i weld Ifan, ffrind o'r gwaith. Mi es i ac Ifan i La Trattoria i gael bwyd. Mi gaeth Ifan *Pizza Quatro Fromaggio*. Mi ges i *Penne a la Carbonara*. Blasus iawn!

1. Be' ydy enw brawd Siân? _____

2. Be' wnaeth hi weld yn y sinema? _____

3. Lle mae ei brawd hi'n byw? _____

4. Lle aeth Siân wedyn? _____

5. Be' gaeth hi i'w yfed? _____

6. Pwy wnaeth hi weld yn y dafarn? _____

7. Be' gaeth hi i'w fwyta yn La Trattoria? _____

_____

Pecyn Ymarfer - Cwrs Mynediad: Uned 16

Pecyn Ymarfer
Cwrs Mynediad:
Uned 17

Ymarfer 1

Gorffennwch:

1. Cyn _____ fo fynd, mi gaeth o gawod.

2. Ar ôl _____ nhw fynd, mi wnes i ffonio fy ffrind.

3. Dw i'n mynd i edrych ar y teledu cyn _____ ni fynd i'r gwely.

4. Cyn _____ hi gael brecwast, mi wnaeth hi wisgo.

5. Ar ôl i mi _____ mi wnes i ffonio am dacsi. (*arrived*)

6. Mi wnaethoch chi ysgrifennu llythyr ar ôl i chi _____. (*heard*)

7. Mi wnaeth o olchi'r llestri ar ôl iddyn nhw _____. (*ate*)

8. Ar ôl iddo fo _____, dw i'n mynd i nofio. (*goes*)

Ymarfer 2

Atebwch y cwestiynau, gan ddefnyddio *cyn i mi / ar ôl i mi...*
   *Answer the questions, using **cyn i mi / ar ôl i mi...***

1. Pryd wnaethoch chi ddysgu gyrru car?

    _____

2. Pryd wnaethoch chi symud tŷ?

    _____

3. Pryd dach chi'n mynd adre?

    _____

4. Pryd aethoch chi i'r gwely neithiwr?

    _____

5. Pryd dach chi'n mynd ar wyliau?

    _____

Ymarfer 3

Ysgrifennwch frawddegau olynol gan ddefnyddio'r geiriau yma:
Write sequential sentences using these words:

> codi'n hwyr
>
> cael brecwast
>
> darllen y papur
>
> mynd i siopa
>
> cael cinio
>
> golchi'r llestri
>
> mynd am dro
>
> edrych ar y teledu
>
> mynd i'r gwely

Dechreuwch fel hyn/*Start like this*:

Mi wnes i godi'n hwyr. Ar ôl i mi godi'n hwyr, mi ges i frecwast…

_____

_____

_____

_____

_____

_____

_____

_____

_____

_____

_____

_____

_____

Pecyn Ymarfer
Cwrs Mynediad:
Uned 18

Ymarfer 1

Gorffennwch:

1. Rhaid _____ hi ddweud.

2. Rhaid i ti _____ bod yn hwyr.

3. _____ dim rhaid iddo fo _____. (*complain*)

4. _____ rhaid i ti ddweud wrth Huw? _____ (✓)

5. Rhaid _____ nhw beidio anghofio.

6. Does _____ rhaid i mi fynd.

7. Rhaid _____ Branwen ddŵad i'r dosbarth.

8. Rhaid iddo fo beidio _____ dosbarth (*miss*)

Ymarfer 2

Atebwch y cwestiynau. Cofiwch ateb yn llawn, a defnyddio 'Oes / Nac oes' os oes eisiau.
Answer the questions. Remember to answer in full, using 'Oes / Nac oes' if necessary.

1. Oes rhaid i chi weithio yfory?

_____

2. Be' mae'n rhaid i chi wneud dros y penwythnos?

_____

3. Be' mae'n rhaid i'ch gŵr / gwraig / partner / ffrind wneud?

_____

4. Oes rhaid i chi godi'n gynnar yfory?

_____

5. Oes rhaid i chi siopa bwyd yfory?

_____

Ymarfer 3

Ysgrifennwch frawddegau o dan yr arwyddion hyn i egluro be' maen nhw'n feddwl:

Write sentences under these signs to explain what they mean:

Rhaid i chi beidio   Rhaid i chi
gyrru'n gyflym   wisgo menig   _____

_____   _____   _____

_____   _____   _____

_____   _____   _____

_____   _____   _____

Pecyn Ymarfer Cwrs Mynediad: Uned 19

Ymarfer 1

Gorffennwch:

1. Trowch _____ dde.

2. Mae'r garej _____ ymyl y ganolfan hamdden.

3. Trowch gyferbyn _____ siop ddillad.

4. _____ troi i'r chwith. (**✗** - *chi*)

5. _____ dy frawd di. (*phone* - *ti*)

6. _____ yn syth ymlaen.

7. _____ mynd i'r dre. (**✗** - *ti*)

8. Ewch heibio _____ ganolfan hamdden.

Ymarfer 2

Cyfieithwch:

1. Post the letter. (*chi*)

_____

2. Don't go. (*chi*)

_____

3. Phone your brother. (*ti*)

_____

4. Go up the hill. (*chi*)

_____

5. Don't look. (*ti*)

_____

6. Turn to the right by the lights. (*chi*)

_____

_____

Ymarfer 3

Ysgrifennwch gyfarwyddiadau *(instructions)* **sut i gyrraedd y llefydd** *(places)* **hyn o'r** *(from the)* **Maes Parcio:**

Parc	Y Llew Aur		Canolfan Hamdden
cylchdro	**Heol Derwen Fawr**		
Sinema	Banc	Heol y Parc	Neuadd y Dre
	Theatr		
Y Stryd Fawr			Maes Parcio

Heol y Felin

Y Llew Aur (*The Golden Lion*) _____

_____

_____

_____

Y Banc _____

_____

_____

_____

Y Ganolfan Hamdden _____

_____

_____

Pecyn Ymarfer
Cwrs Mynediad:
Uned 20

Ymarfer 1

Llenwch y bylchau yn y deialogau yma gan ddefnyddio'r geiriau yn y blwch wrth ymyl pob un:

Fill in the blanks in these dialogues using the words in the boxes next to each one:

Deialog 1:

A: Be' wnaeth Gerwyn neithiwr, _____ ôl mynd adre o'r gwaith?

B: Wel, ar ôl _____ fo gael swper, mi _____ o i'r sinema.

A: Be' _____ o wedyn?

B: Mi _____ o beint yn y bar, ac yna mynd adre.

A: Oes _____ iddo fo fynd i Fangor yfory?

B: Nac oes, _____ dim rhaid iddo fo fynd rŵan, diolch byth.

Ond rhaid iddo fo _____ i Lundain wythnos nesa.

A: Wel, rhaid iddo fo _____ gwneud gormod.

wnaeth
beidio
ar
rhaid
does
aeth
iddo
gaeth
fynd

Deialog 2:

A: Tudur? Lle wyt ti? _____ yma!

B: Iawn, Lowri, cariad.

A: _____ i weithio yn yr ardd bore 'ma ar ôl i ti _____ dy frecwast.

B: Iawn, Lowri, cariad.

A: Wedyn, _____ ffenestri.

B: Iawn, Lowri, cariad.

A: _____ i ti gael cinio, _____'r dillad ar y lein.

B: Iawn, Lowri, cariad.

A: Ac ar ôl i ti gael cinio, _____'r gwellt.

B: Iawn, Lowri, cariad.

A: Tudur?

B: Be', Lowri, cariad?

A: _____ cwyno!

golcha'r
tyrd
rho
gael
torra
paid
cyn
dos

Ymarfer 2

Cyfieithwch:

1. I don't have to go.

_____

2. I went to work after he had breakfast.

_____

_____

3. Do you have to complain? (*ti*)

_____

_____

4. Don't say. (*chi*)

_____

5. We mustn't eat too much.

_____

_____

6. Read the book! (*ti*)

_____

7. After I went, he had lunch.

_____

_____

8. After we eat, we must leave.

_____

_____

9. He doesn't have to come.

_____

10. Go! (*Ti*)

_____

CAEL	SIARAD
CYSGU	SIOPA
GLANHAU	SMWDDIO
GOLCHI	TORRI
GWNEUD	TROI
POENI	YSMYGU

Ymarfer 3

Ysgrifennwch gwestiynau i'r atebion yma:
Write questions for these answers:

1. _____

_____

Do.

2. _____

_____

Oes.

3. _____

_____

Nac ydw.

4. _____

_____

Ydy.

5. _____

_____

Nac oes.

Ymarfer 4

Chwilair Berfau

G	I	A	Q	M	M	S	W	T	D	M	Z	J	P	D
M	O	O	B	V	I	O	E	E	A	L	D	Z	A	I
Q	O	Dd	R	O	Q	A	Z	U	R	E	J	C	A	D
V	X	S	P	T	B	N	S	B	A	A	U	D	U	U
D	A	A	U	G	Y	M	S	Y	I	C	L	E	D	Q
C	T	T	O	R	R	I	R	R	S	F	N	W	G	O
D	T	Z	Q	F	S	C	W	V	L	W	X	O	V	D
X	P	D	L	N	K	Y	P	Y	G	K	A	H	J	A
O	N	Y	D	W	Q	S	Q	O	D	U	G	I	P	P
S	I	A	N	G	Y	G	B	J	E	L	X	Q	J	O
E	L	Dd	G	F	O	U	N	P	A	N	S	Q	R	F
Q	P	X	W	P	S	A	Y	N	R	F	I	X	K	Y
M	Y	X	A	M	X	Y	H	K	I	Ch	L	O	G	E
U	T	Ch	D	U	S	A	B	H	L	O	X	N	R	L
A	E	B	Q	R	U	Z	O	L	P	G	U	Z	L	T

Pecyn Ymarfer Cwrs Mynediad: Uned 21

Ymarfer 1

Gorffennwch y brawddegau gan ddefnyddio'r ansoddeiriau yma:

Complete the sentences using these adjectives:

diddorol, diflas, da, gwych, grêt, cas, tal, del

1. Mae edrych ar y teledu yn _____

2. Mae mynd i'r sinema yn _____

3. Ydy o'n _____?

4. Dydy hi ddim yn _____

5. Mae edrych ar bêl-droed yn _____

6. Mae darllen llyfrau yn _____

7. Mae'r dosbarth Cymraeg yn _____

Ymarfer 2

Gofynnwch y cwestiwn bob tro.

Ask the question every time.

1. _____
_____?

    Nac ydy, dydy o ddim yn gas.

2. _____
_____?

    Mae 'War and Peace' yn ddiddorol iawn.

3. _____
_____?

    Ydy, mae o'n dalentog.

4. _____
_____?

    Nac ydy, dydy Mair ddim yn dal.

Ymarfer 3

Cyfieithwch:

1. It's red.

_____

2. It's really blue. (*Repeat the adjective.*)

_____

3. It's red, blue and green.

_____

4. What do you think of the Welsh class?

_____
_____

5. Is it interesting?

_____

6. Megan is tall and slim.

_____

7. He's not nasty, he's nice.

_____
_____

8. It was boring.

_____

Pecyn Ymarfer Cwrs Mynediad: Uned 22

Ymarfer 1

Atebwch:

Answer 'Yes / No':

1. Ga' i ofyn cwestiwn? _____ (✓ *ti*)

2. Ga' i goffi? _____ (✗ *chi*)

3. Dach chi isio benthyg beiro? _____ (✓)

4. Ga' i ddarllen y papur? _____ (✗ *ti*)

5. Wyt ti isio mynd am dro? _____ (✗)

6. Ga' i baned o de? _____ (✓ *chi*)

Ymarfer 2

Gofynnwch am y pethau yma, gan ddefnyddio 'Ga' i _____?' Cofiwch y TREIGLAD!

Ask for these things, using 'Ga' i _____?' Remember the MUTATION!

 _____?

 _____?

 _____?

 _____?

 _____?

Ymarfer 3

Ysgrifennwch gwestiynau fel hyn:

Write questions like this:

   Dach chi isio darllen y papur?

_____ ?

_____ ?

_____ ?

_____ ?

 Ymarfer 4

Edrychwch ar y fwydlen yn y llyfr cwrs eto.

Ysgrifennwch 3 brawddeg: Dw i isio _____ a 2 frawddeg Dw i ddim isio _____

Look at the menu in the course book again. Write 3 sentences using the pattern:
Dw i isio and 2 sentences using the pattern: Dw i ddim isio.

1. _____ ?

2. _____ ?

3. _____ ?

4. _____ ?

5. _____ ?

Pecyn Ymarfer Cwrs Mynediad: Uned 23

Ymarfer 1

Gorffennwch:

1. Faint ydy'r cwrw?

Dwy bunt _____ (*a pint*)

2. Faint ydy'r tomatos?

_____ y pwys. (*70c*)

3. Faint ydy'r tocynnau?

_____ (*£5 each*)

4. _____?

Pedair punt y botel.

5. Faint ydy'r sgert?

_____ (*£20*)

6. _____ ydy'r fferins?

Pum deg ceiniog y _____

Ymarfer 2

Ysgrifennwch y siec yn ôl y manylion bob tro.

Write the cheque according to the details each time.

1. Siop Lyfrau'r Cwm
- £5.95 – 30 September 2005

Banc y Ceffyl Gwyn   _____

TALER
Pay _____ £

2. E. Daniels - £15.60 - 4 April 2006

Banc y Ceffyl Gwyn   _____

TALER
Pay _____ £

3. H. ap Gwynn - £30.00 - 25 June 2007

Banc y Ceffyl Gwyn   _____

TALER
Pay _____ £

4. Siân Wyn - £68.50 - 17 November 2006

Banc y Ceffyl Gwyn   _____

TALER
Pay _____ £

Ymarfer 3

Dyma gatalog Siop y Llan eto.
Ysgrifennwch y prisiau mewn geiriau.

This is the Sop y Llan catalogue again.
Write out the prices in words.

Cylchgrawn 60c _____

Cardiau pen-blwydd £3.99 _____

Dyddiadur desg £5.99 _____

Y Geiriadur £40.00 _____

Pot Coffi £22.50 _____

Bwrdd Coffi £75.00 _____

'Y Mynyddoedd' (llun) £250.00

_____

Llwy garu arian £39.95 _____

Pecyn Ymarfer Cwrs Mynediad: Uned 24

 Ymarfer 1

Gorffennwch:

1. Be' sy'n bod _____ chi?

2. _____ chi'n sâl?

3. Mae _____ i beswch.

4. Mae gynno fo _____ yn ei fol.

5. Be' _____ *hip* yn Gymraeg?

6. _____ gynnoch chi gur pen?

7. Mae _____ glust o'n brifo.

8. Mae'n ddrwg _____ i.

 Ymarfer 2

Ysgrifennwch frawddegau i ddweud be' sy'n bod arnoch chi.

Write sentences to say what's the matter with you.

 Mae gen i wres.

 _____

_____

 _____

_____

 _____

_____

 _____

_____

 _____

_____

Ymarfer 3

Cyfieithwch:

1. Have you got a headache?

_____

2. Slowly, please.

_____

3. He's got a bad back.

_____

4. Am I right?

_____

5. I haven't got a temperature.

_____

6. I'm sorry, I don't understand.

_____

7. He's got a cough.

_____

8. I don't know how to say that in Welsh.

_____

Defnyddio'r Geiriadur

Gwnewch y tasgau yma gan ddefnyddio geiriadur
fel *The Welsh Learner's Dictionary*, Heini Gruffudd,
(Y Lolfa) neu *Gair i Gall* (Acen).

*Complete the following tasks using
a dictionary such as those listed above.*

 Ymarfer 4

Chwiliwch am luosog y geiriau yma:

Look for the plural forms of these words:

1. siop _____

2. cadair _____

3. athro _____

4. beic _____

5. bocs _____

6. cartref _____

7. mis _____

8. pêl _____

 Ymarfer 5

Chwiliwch am ystyr y geiriau yma yn Saesneg:

Look for the meanings of these words in English:

1. hyderus _____

2. chwit-chwat _____

3. cyfrinach _____

4. ymddwyn _____

5. pêl-bluen _____

 Ymarfer 6

Chwiliwch am ystyr y geiriau yma yn Gymraeg:

Look for the meanings of these words in Welsh:

1. inexpensive _____

2. to disappoint _____

3. between _____

4. agile _____

5. to wander _____

Pecyn Ymarfer Cwrs Mynediad: Uned 25

Ymarfer 1

Llenwch y bylchau - un gair sydd eisiau bob tro.

*Fill the blanks - you only need **one** word each time.*

1. Ga' i fenthyg beiro? _____ (✓)
2. Pris y tocyn ydy pum _____ naw deg ceiniog.
3. Dw i'n cael swper _____ saith o'r gloch.

4. Roedd hi'n _____ ddoe.
5. Wyt ti isio _____ o goffi?
6. Faint _____ llyfr?
7. Dw i'n gweithio _____ swyddfa.
8. _____ gynnoch chi gur pen?
9. Mi ges i _____ i ginio.
10. _____ gen i ddim car.
11. Est ti i'r dre ddoe? _____ (✗)
12. Mae hi'n hanner _____ wedi pump. (*5.30*)

Ymarfer 2

Llenwch y ffurflen, yna ysgrifennwch siec am y nwydd(au) dach chi'n archebu.

Fill the form, then write a cheque for the goods (one or more shirts) you are ordering.

Crys Chwys

Dim ond £22.50 yr un

Ar gael mewn 3 maint:
Bach: 32 - 34
Canolig: 34 - 36
Mawr: 38 - 40

Sieciau at: A. Davies, Crysau Chwys Nedd, Ystad Ddiwydiannol Mynachlog Nedd, Castell-nedd, SA11 8JP

Enw: _____

Cyfeiriad: _____

_____

Rhif ffôn: _____

Nifer	Maint	Pris yr un	Cyfanswm
		Cyfanswm:	

Rwy'n anfon siec am £_____
(Taler: A. Davies)

Banc y Ceffyl Gwyn   _____

TALER
Pay   £

Ymarfer 3

Ysgrifennu Cerdyn Post

Ysgrifennwch gerdyn post yn cynnwys y geiriau isod i gyd.

Does dim rhaid iddyn nhw fod yn y drefn yma. Ysgrifennwch tua 30 gair.

Write a postcard and include all these words.

They don't have to be in this order. Write about 30 words.

yfory	ddoe	De Cymru	gwyntog	mynd

Annwyl Mai,

_____

_____

_____

_____

_____

_____

_____

Pob hwyl,

_____

CERDYN POST

Mai Huws

5 Lôn yr Harbwr

PORTHMADOG

Gwynedd

Pecyn Ymarfer Cwrs Mynediad: Uned 26

Ymarfer 1

Llenwch y bylchau:

1. _____ gynno fo wallt tywyll?

2. _____ ystafell wely _____ gynnoch chi?

3. Mae _____ hi sbectol.

4. _____ o'n foel?

5. Mae hi'n _____ (*short*)

6. Be' _____ lliw ei wallt o?

Ymarfer 2

Cyfieithwch:

1. He's got a beard.

_____

2. She's got fair hair.

_____

3. What's the colour of her eyes?

_____

4. Have you got a big garden?

_____

5. He hasn't got a moustache.

_____

_____

6. How many bathrooms have you got?

_____

_____

Ymarfer 3

Darllenwch y darn yma, yna ysgrifennwch frawddegau tebyg am eich cartref chi.

Read this piece, then write similar sentences about your home.

Dw i'n byw mewn fflat yng nghanol y dre. Mae'r fflat yn eithaf mawr. Mae gen i ddwy ystafell wely, lolfa fawr ac ystafell fwyta fach. Mae gen i un ystafell ymolchi hefyd. Mae'r gegin yn hyfryd; mae hi'n fodern iawn. Does gen i ddim gardd na garej, ond mae gen i le parcio.

_____

_____

_____

_____

_____

_____

_____

_____

_____

_____

_____

_____

_____

_____

Pecyn Ymarfer 27
Cwrs Mynediad: Uned

Ymarfer 1

Llenwch y bylchau:

1. Pa mor _____ dach chi'n bwyta allan?

2. Dw i'n mynd i'r sinema _____ y mis (*once*)

3. Mae o'n golchi'r car _____ (*sometimes*)

4. _____ o byth yn glanhau'r tŷ.

5. _____ ni'n medru chwarae tenis.

6. Dw i _____ yn medru siarad Sbaeneg.

7. Pa _____ aml mae hi'n mynd i sgïo?

8. Dw i ddim yn _____ diodde ffilmiau.

Ymarfer 2

Be' ydy'r cwestiynau?

1. _____
    Nac ydw, dw i ddim yn medru siarad Ffrangeg.

2. _____
    Dw i'n golchi'r car bob wythnos.

3. _____
    Ydy, mae o'n medru canu'r piano'n dda iawn.

4. _____
    Dydy hi byth yn mynd i'r llyfrgell.

5. _____
    Nac ydan, dan ni ddim yn medru tynnu llun.

Ymarfer 3

Ysgrifennwch frawddegau fel hyn:

  fi
Dw i'n medru nofio ond dw i ddim yn medru coginio.

  fo
Mae o'n medru canu'r piano ond dydy o ddim yn medru siarad Sbaeneg.

  ni
_____

  chi
_____

  hi
_____

  nhw
_____

 Ymarfer 4

Be' amdanoch chi?

Ysgrifennwch frawddegau i ddweud be' dach chi'n
medru wneud a be' dach chi ddim yn medru wneud.
> _Write sentences to say what you can and can't do._

_____

_____

_____

Pa mor aml dach chi'n mynd ar y trên? (Rhowch frawddeg lawn - _Write a full sentence_)

_____

Pa mor aml dach chi'n mynd i'r sinema? (Rhowch frawddeg lawn - _Write a full sentence_)

_____

Pecyn Ymarfer
Cwrs Mynediad:
Uned 28

Ymarfer 1

Ysgrifennwch gerdyn post gan ddefnyddio'r geiriau yma.
Defnyddiwch frawddegau dach chi'n eu gwybod!

Write a postcard using these words.
Use sentences that you know!

braf   gwesty   bwyd   ddoe   yfory

CERDYN POST

Annwyl Mair,   Awst 2005

_____

_____

_____

_____

_____

_____

_____   Mair Jones

Pob hwyl,   1, Cae Glas

_____   Bryn Glas

                                            ABERTAWE

                                            SA5 7LN

Ymarfer 2

Cyfieithwch y parau brawddegau yma:

Translate these pairs of sentences :

1.1 I went to Tenerife.   _____

1.2 I have been to Tenerife.   _____

2.1 I saw the film.   _____

2.2. I have seen the film.   _____

3.1 I have arrived in Lanzarote.   _____

3.2 I arrived in Lanzarote.   _____

4.1 I read the paper.   _____

4.2 I have read the paper.   _____

Ymarfer 3

Cyfieithwch y cerdyn post yma:

Translate this postcard:

Dear Ann,
I've arrived! The train was late, but everything's fine now. I went to see Miss Saigon last night -
terrible! It was very expensive as well. See you next week.

Annwyl Ann,

CERDYN POST

_____

_____

_____

_____

_____

_____   Ann Jones

_____   Tanyreglwys

_____   Cwm Aber

_____   LL35 2DU

Pecyn Ymarfer Cwrs Mynediad: Uned

29

Ymarfer 1

Llenwch y bylchau:

1. Pryd _____ di nôl?

2. _____ i'n hwyr nos yfory.

3. _____ chi'n mynd i Sbaen yn yr haf?

4. _____ Mrs Jones ar gael yfory.

5. Fyddi _____ 'n mynd i'r dre?

6. Sut _____ nhw'n mynd ar wyliau?

7. _____ ni'n gweithio wythnos nesa.

8. Fydd _____ yn dŵad i'r parti, 'ta?

Ymarfer 2

Atebwch: Bydda/Na fydda *neu* Bydd/Na fydd

1. Fyddi di yn y gwaith yfory?

_____ (✓)

2. Fydd hi'n braf dydd Sadwrn?

_____ (✗)

3. Fyddwch chi adre nos Wener?

_____ (✗)

4. Fyddi di'n mynd ar y trip?

_____ (✓)

5. Fydd o'n dŵad efo ni?

_____ (✓)

Ymarfer 3

Trowch y brawddegau i'r negyddol:
Make these sentences negative ones:

e.e. Mi fydda i'n mynd > **Fydda** i **ddim** yn mynd.

1. Mi fyddwch chi'n mynd i siopa dydd Sadwrn.

_____

_____

2. Mi fydd hi'n mynd ar y trên.

_____

3. Mi fyddan nhw'n mwynhau.

_____

4. Mi fyddwn ni'n cael hwyl.

_____

5. Mi fydda i yn y gwaith yfory.

_____

Ymarfer 4

Atebwch y cwestiynau:

1. Lle fyddwch chi prynhawn dydd Sadwrn?

_____

_____

2. Faint o'r gloch fyddwch chi adre heno?

_____

_____

3. Fyddwch chi yn y dosbarth wythnos nesa?

_____

_____

4. Be' fyddwch chi'n wneud dros
y penwythnos? _____

_____

5. Pryd fyddwch chi'n mynd ar wyliau?

_____

_____

Pecyn Ymarfer Cwrs Mynediad: Uned **30**

Ymarfer 1

**Llenwch y bylchau -
un gair sydd eisiau bob tro.**

> *Fill in the blanks - you only
> need **one** word each time.*

1. Wnest ti olchi'r car ddoe? _____ (✓)

2. _____ hi ddim yn medru nofio.

3. _____ gynno fo wallt golau?

4. Mi fydd hi'n _____ yfory.

5. Wyt ti'n medru teipio? _____ (✗)

6. Mi fydd y cyngerdd yn dechrau _____
wyth o'r gloch.

Ymarfer 2

**Ysgrifennwch 6 brawddeg am y person
yng nghanol y llun gan ddefnyddio'r
wybodaeth yn yr arwyddion o'i
chwmpas.**

> *Write 6 sentences about the person
> in the centre of the picture using the
> information in the signs around her.*

Dyma Caroline

_____

_____

_____

_____

_____

7. Mi fydd y cwis _____ y dafarn.

8. Fyddwch chi'n mynd i'r sinema nos
yfory? _____ (✓)

9. Ges i _____
efo swper neithiwr.

10. Mae o wedi bod ar wyliau _____
ngogledd Cymru.

11. Mae _____ i gur pen.

12. _____ gynno fo ddim locsyn.

ddoe
yn wreiddiol
sbectol
Caroline
athrawes
teulu
medru

Ymarfer 3

**Darllenwch yr hysbyseb
ac atebwch y cwestiynau:**

Read the advert and answer the questions:

1. Pwy wnaeth ysgrifennu *Gymerwch chi Sigarét?*

_____

_____

2. Pwy ydy'r cyfarwyddwr?

_____

_____

3. Enwch 3 o'r actorion.

_____

_____

4. Pryd fydd *Gymerwch chi Sigarét?* yn Theatr y Mwldan?

_____

5. Lle bydd *Gymerwch chi Sigarét?* yn dechrau am 8.00 p.m.?

_____

> ### CWMNI THEATR Y FRO
> *yn cyflwyno*
> ## Gymerwch chi sigarét?
> ### gan **Saunders Lewis**
>
> Cynhyrchiad newydd o ddrama glasurol Saunders Lewis.
> Cyfarwyddwr: Hywel Jones
>
> **Yr actorion fydd:**
> Rhian Morgan, Janet Aethwy, Gwenno Dafydd,
> Danny Grehan, Gwion Rhys a Daniel Evans.
>
> *Y Daith:*
> **Theatr Gwynedd, Bangor:**
> Nos Wener - Nos Sadwrn, 28-29 Hydref, 7.30 p.m.
> Swyddfa Docynnau: (01248)-362362
>
> **Theatr y Mwldan, Aberteifi:**
> Nos Lun - Nos Fercher, 31 Hydref - 2 Tachwedd, 7.30 p.m.
> Swyddfa Docynnau: (01239)–783402
>
> **Neuadd Les Ystradgynlais**
> Nos Iau - Nos Wener, 3-5 Tachwedd, 8.00 p.m.
> Swyddfa Docynnau - (01639)-890235

Ymarfer 4

**Ysgrifennu
Cerdyn Post**

Ysgrifennwch gerdyn
post yn cynnwys y
geiriau isod i gyd.
Does dim rhaid iddyn
nhw fod yn y drefn
yma. Ysgrifennwch
tua 50 gair.

*Write a postcard and
include all these words.
They don't have to be
in this order. Write
about 50 words.*

Annwyl Dylan,   **CERDYN POST**

_____

_____

_____

_____

_____

_____

_____

_____

_____

Pob hwyl _____

Dylan Jones

6 Llety'r Wennol

CAERNARFON

LL54 6QW

yfory   ddoe   Ffrainc   braf   mynd